Band 1: Völlig losgelöst

Band 2: Rückkehr zur Erde

Band 3: Die Mondmission

Band 4: Kometengefahr

Band 5: Gefährliche Reise zum Mars

Band 6: Abenteuer auf dem Mars

Band 7: Außer Kontrolle!

Band 8: Verloren im Regenwald

Band 9: Im Bann des Jupiters

Weitere Abenteuer sind in Vorbereitung!

Bernd Flessner

Peter Schilling

Stefan Lohr

Im Bann des Jupiters

Deutsches Zentrum für Luft- und Raumfahrt

Ein besonderer Dank geht an
Herrn Dr. Volker Kratzenberg-Annies
für die fachliche Beratung seitens des DLR

TESSLOFF

2. Auflage 2019
© 2019 TESSLOFF VERLAG
Burgschmietstraße 2-4, 90419 Nürnberg
Alle Rechte vorbehalten
Text: Bernd Flessner
Cover- und Innenillustrationen: Stefan Lohr
Idee/Mitwirkung: Peter Schilling
Lizenz: MajorTon Entertainment KG
Major Tom und *Völlig losgelöst* sind Marken
der MajorTon Entertainment KG
Grafische Gestaltung, Layout: Barbara Heinlein, Uwe Herrlen
Lektorat: Anja Kunze
Redaktion: Silke Neubert, Hannah Fleßner

www.tessloff.com

ISBN: 978-3-7886-4009-5

Dieses Buch entstand in Zusammenarbeit mit dem
Deutschen Zentrum für Luft- und Raumfahrt (DLR),
das den Text auf fachliche Richtigkeit geprüft hat.

Die Verbreitung dieses Buches oder von Teilen daraus durch Film,
Funk oder Fernsehen, der Nachdruck, die fotomechanische Wiedergabe
sowie die Einspeicherung in elektronische Systeme
sind nur mit Genehmigung des Tessloff Verlages gestattet.

Inhalt

Probleme an Bord   9

Der Flug zum Gasriesen   21

Verschollen im Weltall   34

Landung auf Europa   44

Logbuch   63

Wie alles begann

Der kleine Major Tom lebt zusammen mit seinem Vater, dem großen Major Tom, auf der Raumstation Space Camp 1. Seine Mutter arbeitet auch für die Weltraumagentur, ist aber nicht mit auf der Raumstation.
Stella ist seine beste Freundin und ebenfalls an Bord. Ihre Eltern sind bei der Bodenkontrolle beschäftigt. Plutinchen ist eine Roboterkatze und die treue Gefährtin von Tom und Stella. Gemeinsam erforschen sie das Weltall, beobachten die Erde und züchten Pflanzen an Bord der Raumstation. Eines Tages muss der große Major Tom unerwartet zum Mars fliegen und dort mithelfen, die Marsstation weiter aufzubauen.

Tom, Stella und Plutinchen bleiben in der Raumstation zurück und sind nun ganz auf sich alleine gestellt.

Doch auch ohne ihre Eltern sind sie erfolgreiche und begeisterte Forscher. Gemeinsam meistern sie den Alltag auf der Raumstation, lösen Probleme und genießen zwischendurch den Ausblick auf ihren Heimatplaneten Erde. Auf den verschiedenen Missionen erleben sie ein Abenteuer nach dem anderen und lernen immer wieder Erstaunliches und Interessantes über die Erde und das Weltall. Dabei helfen sie sich gegenseitig und geben auch in brenzligen Situationen niemals auf.

Probleme an Bord

Der kleine Major Tom schwebte zur nächsten Tomatenpflanze und betrachtete die roten Früchte. Das Gewächshaus an Bord von Space Camp 1 lieferte ihnen auch frischen Salat und Radieschen. Tom sah sich auf einem kleinen Display die verschiedenen Anzeigen an und war zufrieden. Die Temperatur stimmte, die Wasserversorgung arbeitete einwandfrei und Nährstoffe waren noch genügend vorhanden. Als er sich den Erdbeeren zuwenden wollte, kam ihm Stella entgegengeschwebt. Schon an ihrem Gesichtsausdruck konnte er erkennen, dass etwas nicht stimmte.

„Was ist passiert?", fragte er.
„Die Toilette", antwortete Stella.
„Sie funktioniert nicht mehr."
„Was meinst du damit?", fragte er nach. „Sind keine Beutel mehr da?"

„Davon sind noch genug da", antwortete sie, während sie sich an einem der Griffe im Gewächshaus festhielt. „Der Unterdruck ist nicht mehr da."

„Ach, du dickes Mondkalb!", entfuhr es Tom. „Weiß Plutinchen schon Bescheid?"

„Die kontrolliert gerade die Sonnensegel", erklärte Stella.

„Dann rufen wir sie zurück. Die Toilette ist wichtiger. Ohne Toilette müssen wir zurück zur Erde", sagte Tom.

„Wir können doch die Toilette vom Space Racer benutzen", schlug Stella vor.

„Schon. Aber dazu müssen wir jedes Mal den Space Racer aktivieren. Wir müssen den Strom einschalten, für den richtigen Luftdruck sorgen und den Computer hochfahren. Sonst läuft an Bord ja nichts. Auch nicht die Toilette", entgegnete Tom.

„Und den Space Racer immer einsatzbereit zu halten, kostet zu viel Energie", gab ihm Stella recht.

„Also müssen wir so schnell wie möglich die Toilette reparieren."

„Müssen wir", sagte Tom und rief Plutinchen über Funk.

„Bin schon unterwegs", antwortete die Roboterkatze, die außen an der Bordhülle entlanglief. Dank ihrer Haftfüße schwebte sie nicht in den Weltraum davon. Einen Raumanzug benötigte sie auch nicht. Daher erledigte sie einen Großteil der notwendigen Kontrollen außerhalb der Raumstation. Als Plutinchen bei der Toilette eintraf, waren Stella und Tom schon da.

„Siehst du? Es gibt keinen Unterdruck", erklärte Stella gerade.

Tom hielt den Schlauch in der Hand, der am Ende einen kleinen Trichter besaß und für den Urin gedacht war. Damit kein Tropfen Flüssigkeit

durch die Station schweben kann, betätigen die Astronauten einen Hebel, um einen Luftstrom in dem Schlauch einzuschalten. Der Luftstrom, eigentlich ein Unterdruck, saugt den Urin in den Schlauch und befördert ihn in eine Anlage, die ihn in frisches Trinkwasser verwandelt. Die herausgefilterten Stoffe landen in einem Müllbehälter.

„Und die Toilette?", fragte Tom und öffnete den Toilettendeckel, der kleiner war als der einer gewöhnlichen Toilette. Auch die Öffnung darunter war kleiner. Unter dem Toilettensitz befand sich ein Müllbehälter, der regelmäßig ausgetauscht wurde. Bevor eine Astronautin oder ein Astronaut sich auf die Toilette setzen konnte, musste in die Öffnung ein Plastikbeutel eingesetzt werden. Wieder sorgte ein Unterdruck dafür, dass alles in diesem Beutel verschwand. War man fertig, schloss man den Beutel und gab ihn in den Müllbehälter.

„Kein Unterdruck", stellte Tom fest. „Die Toilette ist kaputt."

„Sag ich doch", murrte Stella.

„Zum Glück muss ich nie auf die Toilette", meinte

Plutinchen. „Aber ich verstehe natürlich euer Problem."

„Vielleicht liegt es am Schalter. Oder an der kleinen Pumpe, die den Unterdruck erzeugt", rätselte Tom. „Aber wo befindet sich die?"

„Du brauchst nur dein Astrofon einzuschalten", antwortete Plutinchen.

„Natürlich", ärgerte sich Tom über sich selbst und tippte mit dem Finger auf sein Astrofon am Arm. Es öffnete sich und fuhr ein Display aus.

„Wo befindet sich die Unterdruckpumpe für die Toilette?", fragte Tom.

Auf dem Display, das aus einer Folie bestand, erschien ein Plan der Raumstation. Zunächst sah Tom die ganze Station, dann einen kleinen Ausschnitt, auf dem ein roter Punkt zu leuchten begann.

„Die Pumpe", sagte er. „Sie befindet sich hinter der Wand gleich hinter der Toilette. Aber wie kommen wir an sie heran? Wir haben keinen Techniker an Bord, der die Wand entfernt."

„Dass Technik auch immer kaputtgehen muss!", schimpfte Stella.

„Aber das ist nun einmal eine Eigenschaft von Technik", erwiderte Plutinchen. „Jede Technik kann kaputtgehen. Auch so eine Pumpe. Und sogar ich, wie ihr wisst. Ich schaue mal nach, ob wir eine Ersatzpumpe an Bord haben."
Es dauerte nur eine Sekunde, bis Plutinchen die Auskunft vom Bordcomputer erhielt: „Ja, haben wir."
„Die nützt uns aber nichts, da wir die Wand nicht entfernen können", hielt ihr Tom entgegen. „Um diese Art von Reparaturen hat sich immer mein Vater gekümmert. Für ihn wäre das kein Problem gewesen. Aber wir kommen nicht an die Pumpe heran."
„Ihr nicht, aber ich", entgegnete Plutinchen. „Die Wand besteht aus ziemlich dünnem Blech. Stella löst oberhalb der Toilette zwei Schrauben. Dann biegt ihr das Blech ein Stück nach vorne, ich krieche durch die Öffnung und tausche die defekte Pumpe aus. Die

Pläne habe ich bereits vom Bordcomputer erhalten."

„Wir sollten es versuchen", stimmte Stella zu.

„Dann hole ich die Ersatzpumpe", sagte Tom und stieß sich von der Bordwand ab.

„Dein Astrofon zeigt dir den Weg. Aber du kennst dich im Lagermodul ja gut aus", rief ihm Plutinchen hinterher.

Stella war nicht nur eine gute Computerspielerin, sondern auch handwerklich besonders geschickt. Sie betrachtete die Blechwand und fand schnell die Schrauben. Den passenden Akkuschrauber zog sie aus einer schmalen Tasche ihres Overalls.

„Das könnte funktionieren", meinte sie. „So brauchen wir nicht die ganze Wand zu entfernen. Dazu müssten wir aber vorher die Toilette abbauen. Also los."

Sie setzte den Akkuschrauber auf die Schraube und drückte vorsichtig den Druckknopf. Doch nicht die Schraube begann sich zu drehen, sondern Stella.

„Ups!", sagte sie und packte einen Griff, um ihre Drehung zu beenden. „Ich hatte die Schwerelosigkeit ganz vergessen. Auf der Erde hält mich die Schwerkraft fest, hier muss ich mich selbst festhalten."

Wieder drückte sie den Akkuschrauber auf die Schraube.

„Die bewegt sich ja gar nicht", bemerkte sie und drückte mit dem Akkuschrauber fester zu. Wenige Minuten später hielt sie die Schrauben in der Hand und steckte sie in die Tasche, damit sie nicht davonschwebten.

„Ich hab' sie!", lachte Tom in diesem Augenblick und kam viel zu schnell angeschwebt.

„Vorsicht!", rief Stella, doch Tom landete mal wieder mit seiner Nase an der Wand. Aber er machte sich nichts daraus, sondern präsentierte die kleine Pumpe.

„Jetzt bin ich gespannt, ob der Plan funktioniert", meinte Stella. „Das Blech ist dünn, aber noch lange nicht so dünn wie Papier."

Stella und Tom mussten sich zunächst einen sicheren Halt verschaffen und sich mit einer Hand festhalten, bevor sie das Blech nach vorne biegen konnten.

„Weiter!", feuerte sie Plutinchen an. „Das reicht noch nicht."

„Leicht gesagt", entgegnete Tom. „Unsere Raumstation ist stabil gebaut."

Langsam wurde der Spalt größer. Plutinchen nahm

die in der Luft schwebende Pumpe in ihr Maul und schlüpfte durch die Öffnung. Kaum war sie verschwunden, ließen Stella und Tom das Blech los.

„Hoffentlich schafft sie es", sagte Stella. „Sonst müssen wir doch den Space Racer aktivieren."

„Ich muss auch echt mal ziemlich dringend!", stimmte Tom ihr zu.

„Hinter der Wand ist es stockdunkel und ganz schön eng", machte sich Stella Sorgen.

„Dafür ist sie doch eine Roboterkatze und hat kleine Lampen in den Augen", sagte Tom.

„Es ist so still hinter der Wand", meinte Stella nach ein paar Minuten. „Hoffentlich gibt es keine Probleme."

„Es ist wirklich sehr still", gab ihr Tom recht. „Fast zu still."

„Der Strom!", kam es Stella plötzlich in den Sinn. „Die Pumpe läuft ja mit Strom! Sie muss doch die Kabel austauschen! Vielleicht hat sie einen Schlag bekommen."

„Los! Wir biegen das Blech auf", sagte Tom. „Schnell!"
Mit vereinten Kräften zogen sie am Blech und starrten in den dunklen Spalt. Außer ein paar Kabeln und Rohren war nichts zu sehen. Zu hören war ebenso wenig.
„Was sollen wir tun?", fragte Tom.
„Jedenfalls nicht in den Spalt kriechen", antwortete Stella. „Dafür sind wir zu groß. Viel zu groß."
Vorsichtig ließen sie das Blech wieder los, das sofort zurückschwang.
„Plutinchen? Ist alles in Ordnung?", rief Tom in sein Astrofon. Doch statt einer Antwort hörten sie ein lautes Geräusch.
„Was war das denn?", fragte Stella mit großen Augen.
„Wenn ich es nicht besser wüsste, würde ich sagen, sie ist auf Mäusejagd."
„Es gibt aber keine Mäuse an Bord", warf Tom ein. „Hier oben gibt es Asteroiden, Kometen und Weltraumschrott. Aber keine Mäuse."
„Plutinchen! Bitte melde dich!", rief nun Stella in ihr Astrofon.
Aber diesmal erhielten sie eine Antwort, nämlich ein leises Klopfen.

„Was soll denn das jetzt?", wunderte sich Tom.
„Kommt etwa jemand zu Besuch?"
„Vielleicht doch eine Maus?", schlug Stella vor.
Es klopfte ein weiteres Mal.
„Los! Das Blech!", rief Tom.
Wieder stemmten sie sich gegen die Wand und zogen sie aus ihrer Befestigung. Langsam öffnete sich der Spalt. Tom und Stella zuckten kurz vor Schreck zusammen, denn aus dem dunklen Spalt tauchte ein Gesicht auf. Ein schwarzes Gesicht. Zum Glück hielten sie das Blech fest.
„Plutinchen!", rief Stella. „Wie siehst du denn aus?"
„Sie hat doch eine Maus gefangen", meinte Tom, denn in ihrem Maul steckte etwas Graues.
„Das ist die alte Pumpe", meldete sich Plutinchen über Funk. „Nehmt sie mir bitte ab."
Tom gelang es, trotz aller Kraft, die er für das Blech aufbieten musste, Plutinchen die Pumpe aus dem Maul zu nehmen.
„Danke!", sagte Plutinchen und schlüpfte durch den Spalt. „Jetzt kann ich wieder richtig sprechen. Der Funkkontakt war kurz gestört."

„Was ist passiert?", fragte Stella und ließ wie Tom das Blech vorsichtig los.

„Nicht viel", antwortete Plutinchen. „Ich habe die Pumpe ausgetauscht. Das war nicht leicht, denn da drin ist es mehr als eng. Selbst für mich."

„Dein Gesicht ist ganz schwarz", stellte Tom fest.

„Das ist irgendein Dreck, vermutlich Schmierflüssigkeit, der aus der alten Pumpe gekommen ist", erklärte sie. „Ist nicht weiter schlimm. Jedenfalls könnt ihr jetzt wieder auf die Toilette gehen."

„Ich zuerst!", rief Stella.

„Zuerst solltet ihr die Wand wieder festschrauben", riet Plutinchen. „Sonst ist eure geliebte Toilette gleich wieder kaputt."

„Okay", nickte Stella und zog die Schrauben und den Akkuschrauber aus der Tasche. „Aber dann ..."

Der Flug zum Gasriesen

„Bodenstation an Major Tom", tönte es wenig später aus dem Lautsprecher.
„Hier ist Major Tom", antwortete der kleine Tom und wollte gleich von der erfolgreichen Reparatur der Toilette berichten.
„Seid ihr einsatzbereit?", fragte die Stimme.
„Einsatzbereit? Wir sind immer einsatzbereit!", versicherte Tom lachend. „Was gibt es denn? Zum Mond oder zum Mars?"
Die Stimme zögerte und antwortete dann betont langsam: „Zum Jupiter."
„Zum Jupiter?", wiederholte Tom lachend. „Kein schlechter Witz. Also, wohin soll es gehen? Auf die Erde, vermute ich."
„Nein, es ist kein Witz", erklärte die Stimme ernst. „Wir haben jetzt ein Wurmloch beim Jupiter, durch das wir schon ein paar Sonden geschickt haben. Wir würden gerne testen, ob diese Reise auch mit

einem Raumschiff möglich ist."
„Es ist kein Witz!", staunte Tom mit großen Augen.
„Was ist kein Witz?", fragte Stella, die in diesem Augenblick bei ihm im Labormodul eintraf. „Und warum bist du so blass? Geht es dir nicht gut?"
„Tom ist krank?", fragte der Mann von der Bodenstation. „Das hattet ihr gar nicht gemeldet."
„Nein, ich bin nicht krank", entgegnete Tom. „Mir geht es bestens."
„Da bin ich aber erleichtert", freute sich der Mann. „Wie ich schon sagte, würden wir das neue Wurmloch gerne mit einem Raumschiff testen. Aber wie ihr ja wisst, sind unsere anderen Raumschiffe derzeit …"
„… noch zu groß für euer kleines Wurmloch", sagte Tom mit noch immer großen Augen. „Oder das Wurmloch ist zu klein für große Raumschiffe."
„Genauso ist es", gab die Stimme von der Bodenstation zu. „Nur der Space Racer würde da durchpassen. Ihr braucht bloß zum Jupiter zu fliegen …"

„Zum Jupiter?", rief Stella und machte jetzt ebenfalls große Augen. „Das glaube ich nicht!"
„Es ist aber so", erwiderte die Stimme aus dem Lautsprecher. „Ihr fliegt also durch das Wurmloch zum Jupiter, kehrt aber umgehend wieder um und fliegt zurück zur Erde. Mehr Zeit habt ihr leider nicht. Es ist ja auch nur ein Test, keine Mission. Das Wurmloch arbeitet einwandfrei. Es ist also nicht gefährlicher als ein Flug zum Mars. Wie sieht es aus?"
„Wir fliegen!", antwortete Stella, bevor Tom ein Wort sagen konnte. „Den Jupiter können wir uns doch nicht entgehen lassen. Den hat noch kein Mensch gesehen."
„Ja, wir fliegen!", stimmte Tom zu. „Wir dringen in Welten vor, die nie ein Mensch zuvor gesehen hat! Ja, wir fliegen!"
„Ausgezeichnet!", freute sich der Mann von der Bodenstation. „Dann macht bitte den Space Racer startklar. Wir senden euch alle erforderlichen Daten für den Flug."
„Orbital!", murmelte Tom. „Wir fliegen zum Jupiter. Als erste Menschen."

„Leider nicht als erster Roboter", ergänzte Plutinchen. „Denn automatische Raumsonden haben den Jupiter schon oft besucht. Aber ich komme natürlich trotzdem mit und habe auch schon begonnen, den Space Racer zu aktivieren. Da wir nur die üblichen Notvorräte an Bord nehmen, können wir schon morgen starten."
„Jupiter!", freute sich Tom. „Wer hätte das gedacht!"
„Was für ein Glück, dass die noch kein größeres Wurmloch erzeugen können", strahlte Stella.

Nicht einmal 24 Stunden später saßen Tom und Stella in ihren Raumanzügen und in ihren Sitzen angeschnallt im Space Racer. Plutinchen hatte es sich wieder einmal in ihrer Sitzschale bequem gemacht.
„Sind wir so weit?", fragte Stella aufgeregt, die bei diesem Flug die Pilotin war.
„Der Space Racer ist einsatzbereit", antwortete Plutinchen.
„Dann können wir mit dem Check beginnen", sagte Tom.

„Stella an Bodenkontrolle. Bin bereit zum Check."
Auf einem Monitor vor dem kleinen Major Tom erschien wie immer eine Checkliste mit mehreren Punkten, die er nun durchgehen und überprüfen musste.
„Treibstoff okay. Sauerstoff okay. Akkus geladen."
Es dauerte eine Weile, bis er die Liste durchgesehen hatte. Aber es war alles in Ordnung.
„Stella an Bodenkontrolle. Wir sind jetzt startklar."
„Ihr kennt euch ja schon aus", sagte der Mann von der Bodenstation. „Die Generatoren erzeugen das Wurmloch erst, wenn ihr es fast erreicht habt. Die Energie reicht auch nur für ein paar Sekunden. Die Zielangaben habt ihr ja bereits."
„Zielangaben sind in den Bordcomputer eingegeben", bestätigte Plutinchen.
„Startfreigabe", sagte der Mann. „Guten Flug!"
„Danke", freute sich Stella und löste die Verbindung zur Raumstation. Mithilfe der kleinen Steuerdüsen entfernte sich der Space Racer langsam von Space Camp 1. Erst als sie weit genug entfernt waren und die Station nicht mehr beschädigen konnten, zündete Stella die Haupttriebwerke. Tom, Stella und

Plutinchen wurden in ihre Schalensitze gedrückt und konnten sich kaum bewegen. Das kleine Raumschiff flog immer schneller. Bald konnten sie die sechs Generatoren sehen, die das Wurmloch erzeugten.
„Wir sind gleich da", sagte Stella.
In diesem Augenblick bildete sich in dem Kreis, den die Generatoren formten, ein Gebilde, das wie eine große Linse aussah.
„Das Wurmloch! Und wieder wird es eng. Wie beim letzten Mal", flüsterte Stella. „Zum Glück steuert der Computer den Space Racer."

Das kleine Raumschiff flog direkt in die Linse, die eine Art Abkürzung im Weltraum darstellte. Dank des Wurmlochs konnten große Entfernungen blitzschnell überwunden werden. Kaum war der Space Racer im Wurmloch verschwunden, schoss er auch schon an einem ganz anderen Ort im All aus dem Wurmloch wieder heraus. Automatisch schalteten sich die Haupttriebwerke ab.
„Orbital!", staunte Tom.
Stella sprach kein Wort, denn der riesige Planet vor ihnen raubte ihr fast augenblicklich den Atem.

„Der Jupiter. Mit einem Durchmesser von etwa 143 000 Kilometern der größte Planet des Sonnensystems", erklärte Plutinchen. „Das ist der elffache Durchmesser der Erde. Seine Masse entspricht 318-mal der Masse der Erde. Man bräuchte also 318 Erden, um einen Jupiter zu erhalten. Ein echter Riese."

„Gigantisch", flüsterte Stella, die ihre Sprache wiedergefunden hatte. „Dabei ist er noch so weit weg."

„Was für ein Anblick!", staunte Tom. „Wie klein die Erde dagegen ist. Ein echter Winzling. Und die vielen verschiedenen Farben, die in Bändern um den Planeten laufen. Orbital!"

„Denkt ihr an unseren Kurs?", fragte Plutinchen. „Wir müssen eine große Schleife fliegen und zurück zum Wurmloch. So lautet unser Auftrag."

„Das ist mein neuer Lieblingsplanet", sagte Stella. „Er ist einfach ein Traum. Wie ein Edelstein, der im All schwebt."

„Wer den nicht wunderschön findet, der findet gar nichts schön", stimmte Tom zu.

„Unser Kurs!", mahnte Plutinchen. „Wir müssen eine Schleife fliegen und auf Gegenkurs gehen!"

„Jupiter hat sogar einen Ring", wusste Stella. „Wie der Saturn, nur nicht so groß."

„Und natürlich den berühmten Großen Roten Fleck", fügte Tom hinzu. „Ein gigantischer Wirbelsturm. Der sieht orbital aus."

„Tom! Stella! Aufwachen!", wurde Plutinchen nun richtig laut. „Wir müssen zurück!"

„Ja, der Große Rote Fleck!", wiederholte Stella. „Schon aus dieser Entfernung ist er …"

„Warnung! Unkontrollierte Beschleunigung! Unkontrollierte Beschleunigung!", meldete sich in diesem Augenblick der Bordcomputer, während auf dem Display rote Lichter zu blinken begannen.

„Beschleunigung?", erschrak Stella und wandte ihren Blick vom Jupiter ab. „Aber unsere Triebwerke arbeiten doch gar nicht?"

„Aber die Schwerkraft des Planeten", hielt ihr Plutinchen entgegen. „Jupiter zieht uns an. Wir stürzen auf den Planeten, wenn wir nicht schnell einen anderen Kurs wählen."

„Das Wurmloch!", rief Tom, der sich inzwischen ebenfalls vom Anblick des Jupiters losgerissen hatte. „Wir müssen zurück zum Wurmloch!"

„Na endlich! Es wird auch langsam Zeit!", seufzte Plutinchen.

Tom und Stella starrten auf das große Display vor ihnen.

„Da ist es!", stellte Stella erleichtert fest, griff zum Joystick und wendete das Raumschiff in einer großen Kurve. Doch als sie auf Gegenkurs waren und zurück zum Wurmloch flogen, war es plötzlich verschwunden. Statt auf die große Linse zu flogen sie durchs leere Weltall.

„Aber ... wo ...?", stammelte Tom.

„Das ist doch nicht möglich!", rief Stella.

„Ihr wart zu langsam", stellte Plutinchen kopfschüttelnd fest. „Das künstliche Wurmloch braucht ungeheure Mengen Energie. Es kann

nur für sehr kurze Zeit aufgebaut werden. Nur für einen kurzen Durchflug. Die Bodenstation hat wahrscheinlich nicht mehr genügend Energie zur Verfügung gehabt und musste es abschalten."
„Ach, du dickes Mondkalb!", schnaufte Tom.
„Und wie kommen wir jetzt wieder zurück?", fragte Stella.
„Wenn sie es wieder öffnen", erklärte Plutinchen.
„Aber wann wird das sein?", fragte Tom. „In einer Stunde? Nächsten Dienstag? Weihnachten?"
„Wir fragen einfach", schlug Stella vor.

„Das ist eine gute Idee", stimmte Plutinchen zu. „Allerdings braucht ein Funkspruch derzeit etwa 45 Minuten vom Jupiter zur Erde. Und zurück natürlich auch wieder 45 Minuten. Ich vermute, die Bodenstation hat längst einen Funkspruch an uns gesendet."

„Glaubst du?", fragte Stella mit besorgter Miene nach.

„Bestimmt", versicherte Plutinchen. „Sie werden alles versuchen."

„Aber sie werden sich auch fragen, warum wir nicht gleich wieder zurück ins Wurmloch geflogen sind", gab Tom zu bedenken. „Die fragen sich doch, ob etwas passiert ist. Ob wir einen Unfall hatten."

„Das ist sehr wahrscheinlich", nickte Plutinchen.

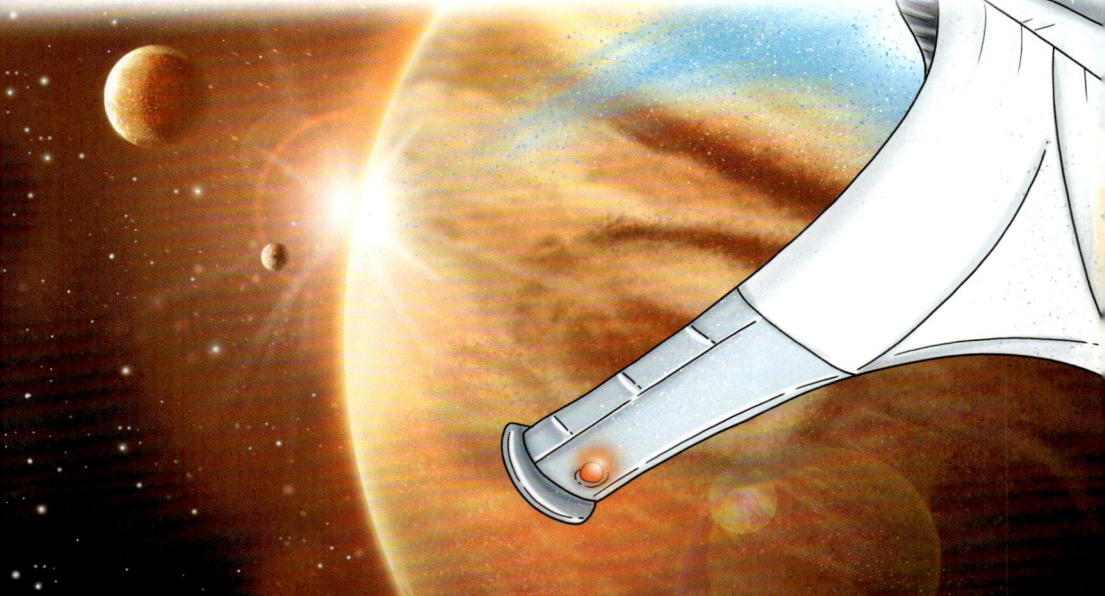

Stella und Tom nahmen ihre Helme ab.
„Ich schlage vor, ihr geht wieder auf Gegenkurs und sucht eine gute Position in der Nähe der Wurmlochgeneratoren", meinte Plutinchen.
„Eine gute Idee", stimmte Stella zu und flog eine weitere Kurve. „Wie sieht es eigentlich mit den Vorräten aus? Sauerstoff, Wasser, Lebensmittel?"
„Die Notvorräte reichen für etwa 14 Tage", antwortete Plutinchen. „Treibstoff haben wir auch genug."

Verschollen im Weltall

„Genug Vorräte haben wir immerhin", atmete Stella auf und flog auf Jupiter zu. „Hoffentlich geht alles gut. Wir sind ziemlich weit weg von der Erde."
„Warten wir auf den Funkspruch", beruhigte sie Plutinchen. „Sicher teilen sie uns darin mit, wann das Wurmloch wieder aktiviert wird."
„Okay, das klingt gut", sagte Stella.
„Fantastisch", meinte Tom, der aus dem Cockpitfenster sah. „Dass es so unglaublich große Planeten gibt."
„Sag mir lieber, wo wir warten sollen!", maulte Stella.
„Ich schlage den Mond Kallisto vor", übernahm Plutinchen die Antwort. „Er ist von unserer jetzigen Position nicht weit entfernt. Soll ich den Kurs berechnen?"
„Ja, gut, wir fliegen zu Kallisto", entschied Stella. „Wir warten dort auf den Funkspruch von der Bodenstation. Wir sollten uns selbst allerdings auch

melden. Damit sie wissen, dass bei uns alles in Ordnung ist."

„Kurs ist berechnet", sagte Plutinchen. „Es dauert nicht lange. Wir sind schon gleich da."

Stella ließ den Joystick los, denn nun flog der Space Racer automatisch. Während Tom einen Funkspruch zur Erde schickte, betrachtete Stella den Jupiter, der sie ein weiteres Mal völlig in seinen Bann schlug.

„Der hat aber viele Monde", stellte sie fest. „Ich habe fünf gezählt."

„Es sind jedoch 79 Monde bekannt, die den Jupiter umkreisen", wusste Plutinchen. „Die vier größten Monde, Ganymed, Europa, Kallisto und Io, wurden 1610 von dem berühmten italienischen Astronomen Galileo Galilei entdeckt. Sie werden daher die Galileischen Monde genannt."

„So gute Fernrohre gab es damals schon?", fragte Tom.

„Ja, die hatte man damals gerade erfunden", antwortete Plutinchen. „Außerdem sind Jupiter und seine vier Galileischen Monde so groß, dass man sie gut beobachten kann. Ganymed hat einen

Durchmesser von etwa 5262 Kilometern und ist damit der größte Mond im Sonnensystem. Er ist sogar größer als der Planet Merkur."

„Was ist mit Kallisto?", fragte Stella.

„Kallisto hat einen Durchmesser von ungefähr 4820 Kilometern und ist damit fast so groß wie Merkur", erklärte die Roboterkatze.

„Monde, so groß wie Planeten", staunte Stella. „Wenn ich da an die Erde mit ihrem kleinen Mond denke."

„Da ist Kallisto!", sagte Tom. „Tatsächlich, so groß wie ein Planet. Und mit unzähligen Kratern übersät. Sollen wir dort landen?"

„Wir sollten einfach in seine Umlaufbahn einschwenken", meinte Plutinchen. „Der Kurs ist bereits programmiert."

Der Space Racer bremste kurz ab und umkreiste dann den Mond Kallisto, der wiederum den riesigen Jupiter umkreiste. Nicht weit entfernt, aber zu weit, um sie sehen zu können, schwebten die Wurmlochgeneratoren.

„Schöne Pleite", ärgerte sich Stella. „Wie konnte das nur passieren?"

„Ihr hattet nur Augen für Jupiter", erklärte Plutinchen. „Natürlich ist der Anblick fantastisch. Aber ihr seid doch Forscher und solltet wissen, dass Forscher ihre Gefühle im Griff haben müssen. Natürlich haben auch Forscher Gefühle, aber sie können mit ihnen umgehen, wenn sie gute Forscher sind."
„Das wissen wir", gab Tom zu. „Aber der Anblick ist einfach überwältigend. Da hätten auch Erwachsene bestimmt mal kurz ihren Verstand ausgeschaltet! Klar, wir kennen alle die tollen Fotos vom Jupiter, die Raumsonden gemacht haben. Aber das da ist der echte Jupiter!"
„Und der ist ein wahrer Traum", verteidigte sich Stella. „Sieh dir diesen Riesen doch mal an."
„Das Weltall ist kalt und luftleer, aber auch unglaublich schön", erklärte Tom. „So wie Jupiter."
„Es tut mir leid, aber ich kann das nicht so beurteilen wie ihr", gestand Plutinchen. „Aber ich glaube euch und versuche zu verstehen, was mit euch passiert ist."
„Bodenstation an Space Racer", hörten sie unvermittelt in ihren Kopfhörern eine bekannte Stimme. „Wir machen uns große Sorgen, denn ihr

habt das Zeitfenster verpasst, um durch das Wurmloch zurückzukehren. Meldet euch bitte umgehend. Das Wurmloch können wir erst wieder in zehn Stunden öffnen und das auch nur sehr kurz. Ihr wisst ja, dass wir dazu Unmengen von Energie benötigen. Also seid diesmal pünktlich. Die genauen Daten für das Wurmloch folgen. Ich wiederhole: Seid pünktlich! Viel Glück!"

„Was habe ich gesagt?", schnurrte Plutinchen.

„Ja, du hast natürlich recht", sagte Tom. „Bestimmt klappt es beim nächsten Versuch."

„Puh, bin ich erleichtert", freute sich Stella. „Zehn Stunden werden wir hier schon aushalten. Bei dem Anblick."

„Die Daten treffen gerade ein", sagte Plutinchen. „Ich programmiere den Kurs, damit wir das Wurmloch nicht ein zweites Mal verpassen."

„Jetzt heißt es warten", meinte Tom.

„Warten? Warum sollten wir hier warten?", entgegnete Stella. „Wir haben zehn Stunden Zeit, uns den Jupiter und seine Monde anzusehen. Diese Zeit will ich nutzen."

„Stimmt genau!", nickte Tom. „Zehn Stunden Umlaufbahn sind zehn Stunden zu viel. Was schlägst du vor, Plutinchen?"

„Ich schlage vor, dass wir in der Umlaufbahn bleiben und erst einmal den Funkspruch von der Bodenstation beantworten", antwortete Plutinchen.

„Ein guter Vorschlag", stimmte Tom zu. „Ich werde den Funkspruch sofort beantworten."

„Das war aber nicht der ganze Vorschlag", erwiderte Plutinchen.

„Immerhin nehmen wir diesen Teil deines Vorschlags an", schmunzelte Stella.

„Ich verstehe", meinte Plutinchen. „Die Umlaufbahn um Kallisto gefällt euch nicht."

„Das kann man so nicht sagen", sagte Tom. „Von hier aus kann man den Mond mit seinen unzähligen Kratern sehr gut beobachten. Aber gleich zehn Stunden lang? Wir sind doch Forscher."

„Und Forscher sind neugierig und abenteuerlustig", ergänzte Stella.

„Verstehe", wiederholte Plutinchen. „Wohin soll es gehen?"

Stella und Tom sahen sich kurz an und blinzelten sich zu.

„Wenn wir schon mal beim Jupiter sind, wollen wir ihn auch aus der Nähe anschauen", grinste Tom. „Also müssen wir die Umlaufbahn wechseln."

„Jupiter statt Kallisto", nickte Plutinchen. „Wird programmiert. Aber nur ein paar Umkreisungen. Und bitte keine Abenteuer!"

„Niemals!", versicherte Stella. „Wir doch nicht."

Tom richtete einen kurzen Funkspruch an die Bodenstation und versprach, pünktlich zu sein.

„Wir warten im Orbit von Kallisto", fügte er noch hinzu.

„Und was ist mit Jupiter?", fragte Plutinchen. „Den kleinen Ausflug hast du natürlich vergessen."

„Tatsächlich", sagte Tom lächelnd. „Den hab' ich glatt vergessen."

Wenig später zündeten die Triebwerke des Space Racers und das Raumschiff verließ die Umlaufbahn von Kallisto.

„Ein Eismond", wusste Plutinchen. „Die Kruste besteht aus gefrorenem Wasser. Sie ist so um die 200 Kilometer dick und schwimmt auf einem Ozean aus flüssigem Wasser, der gut zehn Kilometer tief ist. Darunter besteht Kallisto aus Eis und Gestein. Ein typischer Eismond eben."

„Hast du Ozean gesagt?", fragte Tom nach, während der Space Racer auf Jupiter zuschoss.

„Ja, Ozean", bekräftigte Plutinchen. „Jupiter übt eine gewaltige Anziehungskraft auf den Mond aus. Er zieht und zerrt an Kallisto, wodurch das Innere des Mondes in Bewegung gerät und richtig durchgeknetet wird. Das sorgt für Reibung – und Reibung erzeugt Wärme, sodass der Ozean nicht gefriert."

„Könnte es dort vielleicht Leben geben?", wollte Stella wissen.

„Durchaus", antwortete Plutinchen. „Wenn das Wurmloch etwas größer ist, werden Astronauten auf Kallisto landen und den Ozean untersuchen."

„Vergesst den Eismond!", rief Tom. „Schaut nach vorne!"

„Unglaublich!", staunte Stella, als sie sich Jupiter näherten. „Das muss man gesehen haben!"

„Was sind das für farbige Bänder, die um den Planeten laufen?", fragte Stella.

„Das sind Wolkenbänder, die sich verschieden schnell bewegen", erklärte Plutinchen. „Das liegt an der Rotation des Planeten. Für eine Umdrehung benötigt Jupiter nicht ganz zehn Stunden."

„Die Erde braucht 24 Stunden", stellte Tom fest. „Dann ist Jupiter ja unglaublich schnell. Ein Tag dauert nur zehn Stunden."

„Genau", nickte Plutinchen. „Und vergesst nicht, dass Jupiter ein Gasriese ist. Er besteht zum Großteil aus Gasen, vor allem aus Wasserstoff. Eine feste Oberfläche wie bei der Erde gibt es nicht. Die gasförmige Atmosphäre wird unter der Wolkenschicht im Inneren durch den enormen Druck der Gasmassen immer fester und dichter. Nur im Mittelpunkt des Planeten befindet sich ein Gesteinskern."

„Und woher kommen die Farben der Wolkenbänder?", fragte Tom.
„Von Eiskristallen", erklärte Plutinchen. „Es ist jedoch kein Wassereis, sondern zum Beispiel gefrorenes Ammoniak, ein sehr giftiger Stoff. Verschiedene Eiskristalle sorgen für verschiedene Farben."
„Orbital!", staunte Tom und betrachtete die Wolkenbänder, die um den Planeten kreisten.

Landung auf Europa

„Da! Jetzt kommt der Große Rote Fleck! Der ist ja größer als die Erde!"

„Sogar doppelt so groß. Der größte Wirbelsturm des Sonnensystems", wusste Plutinchen. „Und das schon seit mehr als 300 Jahren. So lange ist er nämlich schon bekannt. Auch er wird von chemischen Elementen, also verschiedenen Gasen gefärbt."

„Auf der Erde halten Wirbelstürme oft nur ein paar Stunden", meinte Stella. „Ein Hurrikan ist ein paar Tage unterwegs."

„Auf Jupiter ist eben alles etwas größer", sagte Tom und schaute wie gebannt aus dem Fenster.

„Anscheinend sogar die Flecken", nickte Stella. „Wie ist der Große Rote Fleck eigentlich entstanden?"

„Das wissen wir nicht genau", antwortete Plutinchen. „Es waren noch keine Astronauten hier, um ihn genau zu untersuchen."

„Aber wir könnten doch ...", begann Tom.

„Warnung! Zunehmende Schwerkraft von Jupiter!", unterbrach ihn die Stimme des Bordcomputers. Stella, Tom und Plutinchen wandten sich umgehend dem Display zu, auf dem eine Anzeige erschien.

„Das habe ich befürchtet", sagte Plutinchen. „Unser Orbit ist zu niedrig. Wenn wir nicht aufpassen, können wir der Schwerkraft von Jupiter nicht mehr entkommen."

„Gravitation steigt weiter!", meldete der Computer. „Kursänderung dringend erforderlich!"

„Und ich dachte, der Antrieb des Space Racers wäre stark genug", meinte Tom.

„Der ist ja auch stark", erklärte Plutinchen. „Aber gegen die enorme Schwerkraft von Jupiter kann er nicht viel ausrichten."

„Dann schalte ich jetzt die Automatik ab und verlasse den Orbit", sagte Stella und zog den Joystick an sich heran. Doch der Space Racer reagierte nicht, sondern begann nur zu zittern.

„Das ist die Schwerkraft von Jupiter", sagte Plutinchen. „Da reichen die Steuerdüsen nicht aus. Zünde die Haupttriebwerke! Sonst …"

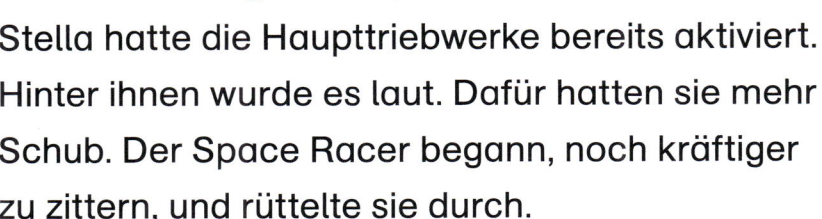

In diesem Augenblick wurden sie in die Sitze gedrückt, denn Stella hatte die Haupttriebwerke bereits aktiviert. Hinter ihnen wurde es laut. Dafür hatten sie mehr Schub. Der Space Racer begann, noch kräftiger zu zittern, und rüttelte sie durch.

„Es tut sich nicht viel", sagte Stella, die mit dem Joystick kämpfte. „Wir steigen nur ganz langsam."

„Das ist die ungeheure Schwerkraft des Planeten", erklärte Plutinchen und sah auf das Display. „Weiter!"

„Der Große Rote Fleck sieht uns an wie ein riesiges Auge", flüsterte Tom ins Mikrofon seines Helms. „Als ob uns Jupiter damit ansehen würde. Ein einäugiger Riese, ein Zyklop."

„Ein Wirbelsturm", widersprach Plutinchen. „Es ist nur ein Wirbelsturm."

„Ich weiß", sagte Tom. „Für mich sieht er aber so aus wie ein gigantisches Auge."

„Entfernung von Jupiter nimmt ab", meldete endlich der Computer. „Schwerkraft des Planeten stellt keine Gefahr mehr dar."

„Na bitte", schnaufte Stella erleichtert.

„Wir sollten uns ein anderes Ziel suchen", schlug Plutinchen vor.

„Was wäre denn ein gutes Ziel?", fragte Tom.

„Der Mond Europa", antwortete Plutinchen.

„Europa ist ein Eismond wie Kallisto und nicht ganz so groß wie der irdische Mond."

„Noch ein Eismond", sagte Tom. „Genau", sagte Plutinchen. „Und er birgt ein Geheimnis."

„Ein Geheimnis?", wiederholte Tom.

„Auch Europa besitzt einen Ozean unter seiner gefrorenen Oberfläche", erklärte Plutinchen. „Nur ist das Eis dünner als das von Kallisto. Und viele Forscher glauben, dass es dort Leben geben könnte. Eines Tages wollen sie eine Sonde zu Europa schicken, die dort landet und sich durch das Eis schmilzt, um nach Leben zu suchen. An einigen Stellen ist das Eis so dünn, dass Wasser aus diesem Ozean ins All geschossen wird. Das kann man sich ganz ähnlich wie bei den Geysiren auf der Erde vorstellen. Geysire sind heiße Quellen, die ab und zu mit großem Druck Wasserfontänen in die Höhe schießen. Auf Europa ist es allerdings kein kochendes Wasser."

„Dann nichts wie hin!", sagte Tom. „Noch haben wir ein paar Stunden Zeit."

„Ich habe den Kurs bereits berechnet", schnurrte Plutinchen.

Stella ließ den Joystick los und warf einen letzten Blick auf den Großen Roten Fleck. Er sah tatsächlich aus wie ein riesiges Auge. Wenig später erreichten sie den viertgrößten Mond des Gasriesen, der ganz anders aussah als Kallisto.

„Der ist ja übersät mit roten Linien", stellte Tom fest.

„Das sind Risse und Furchen im Eispanzer, der den Mond umgibt", erklärte Plutinchen, während der Space Racer in eine geeignete Umlaufbahn einschwenkte.

„Sieht merkwürdig aus", meinte Stella. „Wie kommen die Risse in das Eis?"
„Durch die Schwerkraft Jupiters", wusste Plutinchen.
„Ebbe und Flut?", schlug Tom vor.
„Gar nicht mal schlecht", freute sich Plutinchen. „Die Schwerkraft Jupiters zieht auch an diesem Mond und verformt den Eispanzer. Die Eiskruste bricht immer wieder auf und Wasser aus dem Ozean tritt aus."
„Orbital!", staunte Tom. „Geysire im Weltraum."
„Ganz genau", nickte Plutinchen.
„Können wir auf Europa landen?", fragte Stella.
„Nein, das ist viel zu gefährlich", antwortete die Roboterkatze. „Es könnte ein Geysir ausbrechen oder sich ein Riss auftun."

„Wir können also den Ozean nicht erforschen?", fragte Tom.

„Leider nicht", antwortete Plutinchen. „Außerdem haben wir keine Sonde an Bord, die sich erwärmt und sich so durch das Eis schmelzen könnte. Denn die Sonde müsste eine derartige Wärme entwickeln, dass das Eis auftaut und den Weg nach unten freigibt."

„Sehr schade", ärgerte sich Stella. „Wir sind Forscher, sind zum Jupiter geflogen und können doch nichts erforschen."

„Das stimmt nicht ganz", lächelte Tom plötzlich und richtete seinen Blick auf Plutinchen. „Wir haben nämlich eine Sonde an Bord."

„Plutinchen?", wunderte sich Stella. „Sie kann auf Europa landen, das ist klar. Sie ist ja auch schon auf einem Kometen gelandet. Aber kann sie sich auch aufheizen?"

„Ja", antwortete die Roboterkatze. „Ich kann mich tatsächlich aufheizen. Allerdings nur für eine begrenzte Zeit, denn das kostet viel Energie. Wir müssten eine dünne Stelle im Eis suchen."

„Könntest du eine Wasserprobe entnehmen?", fragte Tom. „Eine Probe, die Forscher auf der Erde untersuchen könnten?"

„Das müsste gehen", stimmte Plutinchen zu. „Sammelbehälter haben wir ja dabei."

„Wir sollten es versuchen", meinte Stella. „Dann kommen wir wenigstens nicht mit leeren Händen zurück."

„Gut. Ich bin dabei", sagte Plutinchen. „Jetzt müssen wir allerdings doch landen, auch wenn es gefährlich ist. Suchen wir einen geeigneten Landeplatz! Mit dünnem Eis."

Ein paarmal umrundete der Space Racer den Mond Europa, bevor Tom, Stella und Plutinchen mithilfe des Radars und der empfindlichen Sensoren die richtige Stelle ausfindig gemacht hatten. Zu landen war nicht schwer, denn große Gebirge gab es auf dem Eismond nicht. Vorsichtig setzte Stella den Space Racer in der Nähe einer frischen Furche auf.

Dass sie noch nicht alt war, hatte der Bordcomputer berechnet.

„Ein bisschen unheimlich ist es ja doch", gab Stella zu. „Die Farben sind ganz anders als auf dem Mond und dem Mars."

„Aber der Blick auf den Jupiter ist fantastisch", schwärmte Tom.

„Seid bitte vorsichtig und immer startbereit", mahnte Plutinchen. „So fest die Oberfläche auch aussehen mag – das Eis kann immer aufbrechen. Und an dieser Stelle beträgt die Dicke nicht einmal 60 Meter. Sonst ist die Eiskruste viele Kilometer dick. Aber hier steigt warmes Wasser aus dem Ozean an die Oberfläche."

„Wie Magma in einem Vulkan auf der Erde", ergänzte Tom.

„Ein guter Vergleich", sagte Plutinchen und stapfte zur Luftschleuse. Tom und Stella setzten ihre Helme wieder auf; daher konnte die Roboterkatze die Luke gefahrlos öffnen. Vorher besorgte sie sich noch einen Sammelbehälter.

„Ich steige jetzt aus", sagte Plutinchen. „Schließt die Luke sofort wieder."

„Wird gemacht", nickte Tom und verfolgte Plutinchen auf dem großen Display im Cockpit. Sie schlüpfte durch die Luke und zündete die kleinen Düsen an ihren Pfoten, um zu der dünnsten Stelle im Eis zu fliegen.
Dort landete sie, heizte sich auf und veränderte ihre Farbe. Ihre metallische Haut wurde gelblich. Nach ein paar Minuten versank sie langsam im Eis.
„Unglaublich!", staunte Tom. „Was unsere kleine Bordkatze so alles kann! Wie lange wird sie brauchen?"
„Bei einem Meter in der Minute etwa eine Stunde", antwortete Stella.
„Die Stunde kann lang werden", meinte Tom und schaltete Plutinchens Kameras ein, die sich in ihren Augen befanden.
„Weiß und grau", sagte Stella enttäuscht. „Mehr Farben hat das Eis nicht zu bieten. Und mit Plutinchen sprechen können wir auch nicht. Während sie so aufgeheizt ist, funktioniert ihr Funk nicht richtig."

„Aber wir sehen ja, was passiert", tröstete sie Tom. Stella und Tom ließen die Bilder, die Plutinchen übermittelte, keine Sekunde aus den Augen. Je tiefer sie sich ins Eis schmolz, umso dunkler wurde es. Bald konnten sie auf dem Display nur noch Dunkelheit wahrnehmen.

„Jetzt müsste sie bald den Ozean erreicht haben", meinte Stella nach einer Weile.

„Nichts zu sehen", stellte Tom fest.

„Vielleicht ist die Kamera kaputt", vermutete Stella.

„Vielleicht ist es auch nur zu tief", meinte Tom.

„Sie müsste jetzt im Ozean unter der Eiskruste sein", sagte Stella. „Sie muss im Wasser sein. Oder sie ist sogar schon auf dem Rückweg."

„Das hoffe ich, denn wir sollten das Wurmloch nicht ein zweites Mal verpassen", sorgte sich Tom. „Sieh mal auf die Uhr!"

„Noch ist Zeit", meinte Stella, machte sich aber auch Sorgen. „Sie müsste jetzt auf dem Rückweg sein. Bestimmt sehen wir bald die ersten Bilder."

Doch es trafen keine Bilder ein. Das Display blieb dunkel und in den Kopfhörern war nicht einmal ein

Knacken zu hören. Dafür rumorte es plötzlich unter dem Space Racer.

„Was ist das?", fragte Stella erschrocken.

„Die Eiskruste!", antwortete Tom. „Sie bewegt sich! Ein Erdbeben. Ich meine, ein Eisbeben."

Der Space Racer, der auf seinen Landebeinen stand, wurde immer heftiger durchgeschüttelt.

„Wir müssen starten", sagte Tom. „Sonst wird das Raumschiff beschädigt."

„Und was wird aus Plutinchen?", fragte Stella. „Wir können sie doch hier nicht zurücklassen!"

„Wir starten und warten in der Umlaufbahn", schlug Tom vor. „Wenn sie wieder an der Oberfläche ist, wird sie sich melden. Wir holen sie dann ab."

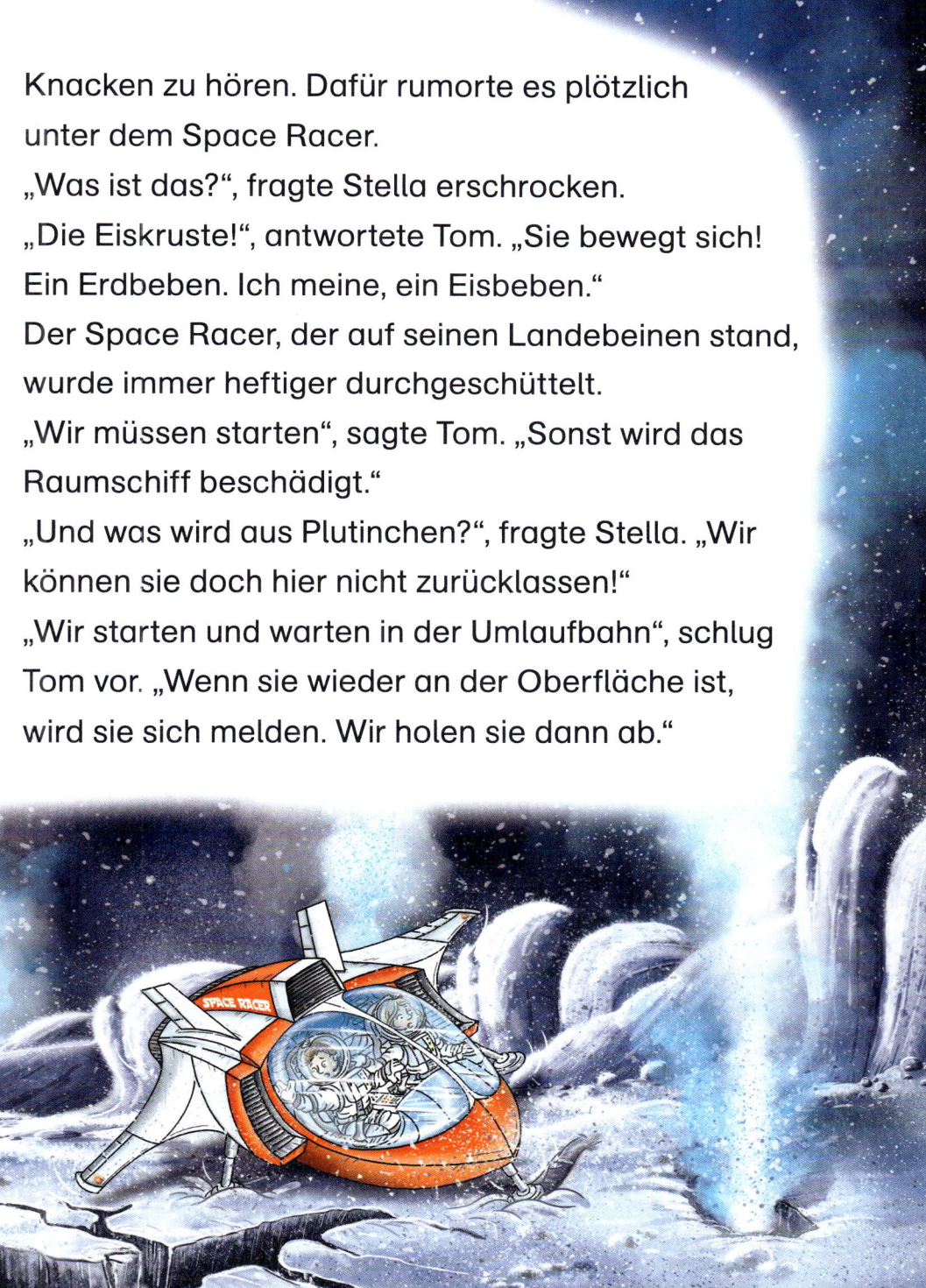

„Aber das Wurmloch! Die Zeit wird knapp. Wir müssen das Wurmloch erreichen", gab jetzt Stella zu bedenken.

Der Space Racer begann, zu schwanken und zu zittern, und neigte sich zur Seite.

„Wenn wir jetzt nicht starten, bleiben wir für immer hier!", rief Tom.

„Okay", antwortete Stella und griff zum Joystick. Ihre Finger huschten über das Display, um die Triebwerke zu starten. Erneut wurde das Raumschiff wie von der Hand eines Riesen durchgeschüttelt. Das Eis unter ihnen bebte.

„Starten! Sofort!", schrie Tom.

„Die Motoren! Sie liefern noch nicht den vollen Schub!", entgegnete Stella laut. „Das muss an der Neigung liegen!"

Endlich hörten sie die Motoren aufheulen.

Langsam löste sich der Space Racer von der eisigen Oberfläche des Mondes. Die Landefüße verschwanden im Rumpf des Raumschiffs.

„Da! Die Kruste bricht auf!", rief Tom. „Das war mal wieder in letzter Sekunde!"

Der Space Racer gewann langsam an Höhe. Stella und Tom sahen, wie die Eiskruste unter ihnen in Bewegung geriet.

„Da tut sich was", sagte Tom. „Da schießt etwas an die Oberfläche."

„An was denkst du?", fragte Stella.

„Es muss etwas Großes sein", antwortete Tom. „Gib Gas!"

Tom hatte richtig vermutet. In diesem Augenblick schoss vor ihren Augen eine Wasserfontäne in die Höhe.

„Ein Geysir!", schrie Stella und drehte ab. „Und was für einer! Wenn der uns getroffen hätte!"

„Orbital!", staunte Tom. „Der ist ja riesig!"

„Rund hundert Kilometer", sagte Stella. „Sieh dir die Anzeige auf dem Display an. Hundert Kilometer schießt das Wasser in die Höhe. Wir haben gleich die Spitze erreicht."

In einem genügend großen Abstand umkreisen sie die Fontäne, die noch weiter in die Höhe wuchs.

„Wenn die uns erwischt hätte ...", schnaufte Stella. „Daran mag ich gar nicht denken. Ich drehe jetzt ab."

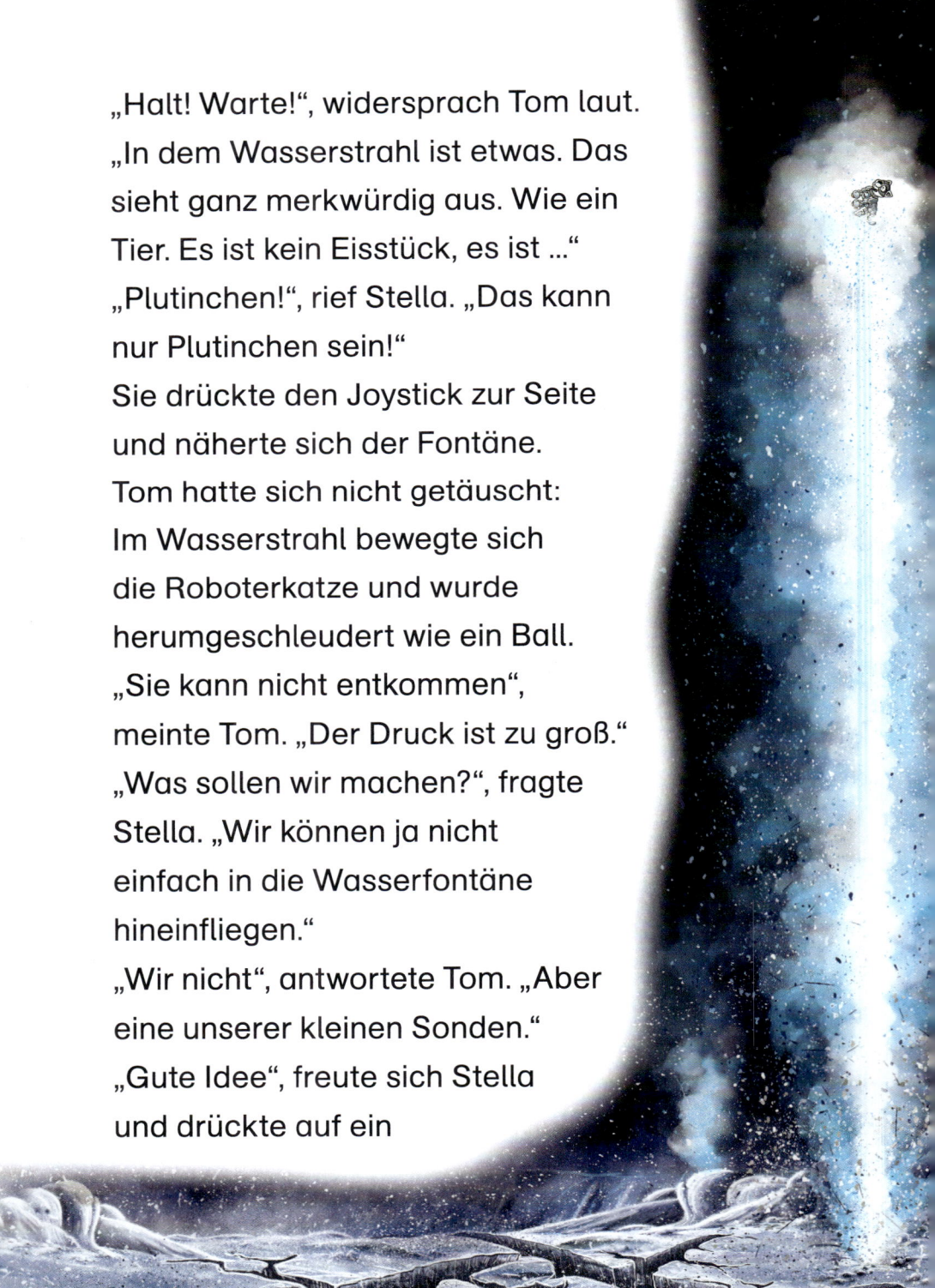

„Halt! Warte!", widersprach Tom laut. „In dem Wasserstrahl ist etwas. Das sieht ganz merkwürdig aus. Wie ein Tier. Es ist kein Eisstück, es ist …"

„Plutinchen!", rief Stella. „Das kann nur Plutinchen sein!"

Sie drückte den Joystick zur Seite und näherte sich der Fontäne. Tom hatte sich nicht getäuscht: Im Wasserstrahl bewegte sich die Roboterkatze und wurde herumgeschleudert wie ein Ball.

„Sie kann nicht entkommen", meinte Tom. „Der Druck ist zu groß."

„Was sollen wir machen?", fragte Stella. „Wir können ja nicht einfach in die Wasserfontäne hineinfliegen."

„Wir nicht", antwortete Tom. „Aber eine unserer kleinen Sonden."

„Gute Idee", freute sich Stella und drückte auf ein

paar Symbole auf dem großen Display. Sekunden später startete eine der Sonden, die der Space Racer an Bord hatte. Sie war kaum größer als ein Tennisball. Die Sonde traf den Wasserstrahl des Geysirs etwa einen Meter unterhalb von Plutinchen. Aber es tat sich nichts, denn die Fontäne wurde von der Sonde nicht groß gestört.

„Was machen wir jetzt?", fragte Tom.

„Wir schießen alle unsere Sonden gleichzeitig ab!", antwortete Stella und drückte auf das Display. Schon startete ein ganzes Bündel von Sonden.

„Jetzt bin ich aber gespannt!", meinte Tom.

„Da! Es klappt!", rief Stella.

Die Fontäne veränderte ihre Form und wurde für einen Moment unterbrochen. Die kleine Störung reichte tatsächlich aus, Plutinchen aus dem mächtigen Strahl zu befreien.

„Da! Sie hat es geschafft!", rief Tom.

Stella öffnete die Luke.

Auf ihren Raketenpfoten kam die Roboterkatze angeflogen und erreichte das Raumschiff. Kaum war sie an Bord geklettert, drehte Stella ab und beschleunigte.

„Wie bist du …?", fragte Tom.

„Mit dem Geysir", antwortete Plutinchen. „Ich habe ihn als Fahrstuhl benutzt. Dafür hat das Wasser das Loch, das ich ins Eis geschmolzen habe, benutzt."

„Du hast also den Geysir ausgelöst?", fragte Stella.

„Anscheinend", schnurrte Plutinchen. „Kaum war ich unten im Ozean, da ging es auch schon los. Ich wurde im Wasser herumgewirbelt und hatte große Mühe, den Ausgang zu finden. Dabei habe ich leider den Sammelbehälter verloren."

„Unwichtig", freute sich Stella. „Hauptsache, wir haben dich wieder. Die Forscher werden eines Tages schon klären, ob es dort unten Leben gibt. Wir haben jetzt andere Sorgen."

„Ich weiß", sagte Plutinchen. „Ich werde den Kurs gleich programmieren."

„Hoffentlich schaffen wir es diesmal", meinte Tom.

„Wir schaffen es", schnurrte Plutinchen. „Es ist noch genügend Zeit … so, die Automatik kann übernehmen."

Stella ließ den Joystick los und das Raumschiff verließ den Eismond. Unter dem Space Racer schoss noch immer die Wasserfontäne in die Höhe, der Plutinchen den Weg gebahnt hatte.

„Wie war es da unten?", fragte Tom.

„Zuerst sehr kalt, etwa minus 160 Grad Celsius", antwortete Plutinchen. „Doch je näher ich dem Ozean kam, umso wärmer wurde es."

„Konntest du etwas sehen? Lebewesen?", fragte Stella.

„Du meinst Aliens?", fragte Plutinchen.

„So etwas in der Art", antwortete Stella.

„Nein, leider nicht", sagte Plutinchen. „Es war viel zu dunkel. So, ich muss jetzt meinen Akku aufladen, denn ich habe fast meine gesamte Energie verbraucht. Wir sind jetzt gleich beim Wurmloch."

„Ja, da ist es!", freute sich Tom. „Da sind die Generatoren. Wir können endlich zurück nach Hause.

Nichts gegen Jupiter, aber die Erde ist doch der schönste Planet im Sonnensystem."
Vor ihnen wuchs die bekannte Riesenlinse, in die sie pünktlich eintauchten. Kaum waren sie in ihr verschwunden, verschwand auch die Linse. Zurück blieb der Jupiter mit seinen 79 Monden und dem Großen Roten Fleck, der wie ein Riesenauge aussah.

Der kleine Major Tom

Logbuch

Im Bann des Jupiters // Eintrag 1

Die kaputte Toilette, das war wirklich ein Pech. Aber das kann vorkommen. Auch auf der Internationalen Raumstation (ISS) gab es damals immer mal wieder Probleme mit der Toilette. Die Astronauten mussten dann die Bordtoilette auf ihrem Raumschiff aufsuchen. Ich habe im Computer nachgeschaut: Einmal war eine defekte Pumpe die Ursache, ganz ähnlich wie bei uns. Und schon zur Zeit der ISS war Wasser knapp. Daher musste der Urin in einer besonderen Anlage gereinigt und zu Trinkwasser aufbereitet werden. Genau wie bei uns an Bord von Space Camp 1.

Im Bann des Jupiters // Eintrag 2

Der Jupiter ist für die Erde von großer Bedeutung. Dank seiner enormen Anziehungskraft kann er Kometen und Asteroiden einfangen und daran hindern, weiter zur Erde zu fliegen. Die eingefangenen Geschosse kommen oft vom äußeren Rand des Sonnensystems, also aus der Oortschen Wolke. Dort werden sie aus ihrer Bahn geworfen und fliegen dann auf die Sonne zu. Erreichen sie den Jupiter, können sie ihn als kleinen, neuen Mond umkreisen. Oder sie stürzen in seine Atmosphäre und verglühen. Das ist 1994 dem Kometen Shoemaker-Levy passiert. Zunächst ist er in mehrere Teile zerbrochen und dann auf Jupiter gestürzt. Die Anziehungskraft des Jupiters kann aber auch dafür sorgen, dass Kometen überhaupt erst in Richtung Sonne gelenkt werden. In diesem Fall können sie zu einer Bedrohung für die Erde werden.

 Im Bann des Jupiters // Eintrag 3

Jupiter hat viele interessante Monde. Besonders eindrucksvoll finde ich Io, den drittgrößten Mond Jupiters. Er ist ungefähr so groß wie der Mond der Erde und kreist auf einer sehr niedrigen Bahn um Jupiter. Die enormen Anziehungskräfte des riesigen Planeten bleiben da nicht ohne Folgen. Wie bei uns auf der Erde gibt es auch

Gezeiten, also Ebbe und Flut. Nur gibt es auf Io kein Wasser. Dafür wird der Mond selbst von den Kräften des Jupiters bearbeitet. Das Innere wird dabei sehr heiß. Vulkane brechen aus. Die Lava besteht aus flüssigem Gestein, aus flüssigem Schwefel und anderen Stoffen. Bis zu 500 Kilometer hoch schießt heißes Material ins All. Io ist der vulkanisch aktivste Körper im Sonnensystem. Nicht einmal wir könnten dort landen.

Sieht man Io gar nicht an, dass auf diesem Mond so starker Vulkanismus herrscht.

„Das Universum ist groß, die Erde unser Zuhause."

Peter Schilling

Die Kreativ-Crew rund um den kleinen Major Tom

Bernd Flessner ...

... hat am 24.11.1957 Geburtstag. Er wurde in Göttingen geboren, ist aber am Meer aufgewachsen. Seine Lieblingsfarbe ist Rot. Am liebsten schreibt er Bücher für Erwachsene und Bücher für Kinder. Wenn er mal gerade nicht schreibt, dann kocht er. Sein Lieblingsgericht ist selbst gemachte Lasagne. Bernd Flessner ist ein begeisterter Zukunftsforscher, ihn interessiert alles, was mit Raumfahrt und Weltall zusammenhängt. Sein größter Wunsch wäre es, einmal zum Mars zu fliegen (und zurück natürlich, damit er von seinem Abenteuer berichten kann).

Stefan Lohr ...

... hat am 5.5.1972 Geburtstag. Er wurde in Leutkirch geboren und lebt heute in Ravensburg. Seine Lieblingsfarbe ist Blau. Und am liebsten illustriert er Bücher für Kinder. Wenn er Zeit hat, dann fährt er gern Achterbahn. Am liebsten mit Doppellooping. Sein größter Wunsch wäre es, einmal mit Major Toms Space Racer ein paar Loopings im Weltall zu drehen.

Peter Schilling

Wer kennt nicht „Major Tom (völlig losgelöst)" und hat dazu schon mal ordentlich abgetanzt?
Der Sänger und Songschreiber Peter Schilling, von dem dieser und noch viele andere Songs stammen, hatte die geniale Idee, die Geschichte aus dem weltbekannten Lied weiterzuerzählen – und zwar als Geschichte für Kinder.
Er ist, wie er sagt, im Herzen ein Kind geblieben und hat so die Idee zum kleinen Major Tom, Stella und Plutinchen gehabt.
Und weil er den Autor und Weltraumfan Bernd Flessner kennengelernt hat, sind daraus Geschichten entstanden.
Peter Schilling möchte gerne, dass Kinder die Möglichkeit bekommen, so viel wie möglich über unsere Welt und das Universum zu erfahren.
Deshalb tauscht er sich gerne vor seinen Konzerten mit Kindern über das spannende Thema Weltraum aus.

Bisher erschienen:

Band 1: Völlig losgelöst
ISBN 978-3-7886-4001-9

Band 2: Rückkehr zur Erde
ISBN 978-3-7886-4002-6

Band 3: Die Mondmission
ISBN 978-3-7886-4003-3

Band 4: Kometengefahr
ISBN 978-3-7886-4004-0

Band 5: Gefährliche
Reise zum Mars
ISBN 978-3-7886-4005-7

Band 6: Abenteuer auf
dem Mars
ISBN 978-3-7886-4006-4

Band 7: Außer Kontrolle!
ISBN 978-3-7886-4007-1

Band 8: Verloren im
Regenwald
ISBN 978-3-7886-4008-8

Band 9: Im Bann des
Jupiters
ISBN 978-3-7886-4009-5

Hörspiele:

Völlig losgelöst
ISBN 978-3-7886-4101-6

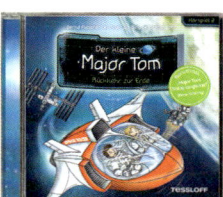
Rückkehr zur Erde
ISBN 978-3-7886-4102-3

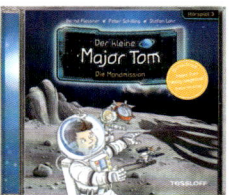
Die Mondmission
ISBN 978-3-7886-4103-0

Kometengefahr
ISBN 978-3-7886-4104-7

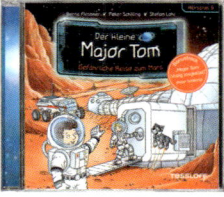
Gefährliche Reise zum Mars
ISBN 978-3-7886-4105-4

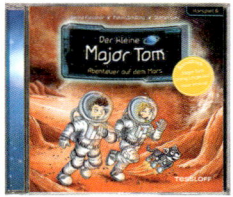
Abenteuer auf dem Mars
ISBN 978-3-7886-4106-1

Rätselhefte mit Fensterstickern:

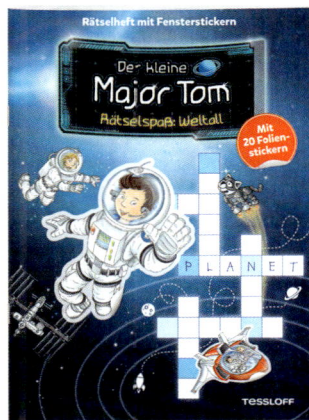
Rätselspaß Weltall
ISBN 978-3-7886-4109-2

Rätselspaß Blick auf die Erde
ISBN 978-3-7886-4110-8